CHATILLON-SUR-SEINE

PENDANT LA GUERRE

DE 1870-71

SOUVENIRS

DE M. Achille MAITRE

ANCIEN MAIRE DE CHATILLON

TOURS

IMPRIMERIE ALFRED MAME ET FILS

1902

CHATILLON-SUR-SEINE

PENDANT LA GUERRE DE 1870-71

CHATILLON-SUR-SEINE

PENDANT LA GUERRE

DE 1870-71

SOUVENIRS

DE M. Achille MAITRE

ANCIEN MAIRE DE CHATILLON

TOURS

IMPRIMERIE ALFRED MAME ET FILS

—

1902

AVANT-PROPOS

L'auteur de ce petit livre, en publiant pour la première fois, en 1888, ses Souvenirs de la guerre de 1870-71, voulait montrer combien la ville avait souffert pendant la longue période de l'invasion allemande. Il avait été mêlé à tous les événements douloureux qui s'y étaient passés; il avait vu comment ses compatriotes ont rempli courageusement et noblement leur devoir dans cette fatale année.

En donnant aujourd'hui une nouvelle édition de ses Souvenirs, augmentée de nouveaux détails, il croit qu'il est utile de rappeler ces événements à la génération actuelle, qui les ignore peut-être en partie, et qui y trouvera, il l'espère du moins, un enseignement pour l'avenir. La noble conduite des pères est une leçon de patriotisme pour les fils.

Il sait aussi que certains écrivains de la guerre de 1870-71, qui n'ont jugé qu'à distance et dans leur cabinet de travail la part qu'ont eue les francs-tireurs et les troupes de Garibaldi, leur ont attribué une gloire militaire à laquelle ni les uns ni les autres n'ont aucun droit. C'est donc pour protester, au nom de la vérité et de l'exactitude historique, contre ces éloges immérités, qu'il s'est appliqué à mettre en lumière le véritable rôle, plus funeste qu'utile à la défense nationale et aux intérêts de notre population, qu'ont eu dans notre ville et dans la Côte-d'Or les francs-tireurs et les soldats réguliers de Garibaldi.

CHATILLON-SUR-SEINE

PENDANT LA GUERRE DE 1870-71

———×———

Quelques jours après la déclaration de guerre, au commencement du mois d'août 1870, le colonel de Grancey s'installait à Châtillon avec quatorze cents mobiles de la Côte-d'Or, appartenant à l'arrondissement et aux cantons de Grancey-le-Château, Saint-Seine, Selongey, Is-sur-Tille et Fontaine-Française.

Ces jeunes gens, logés chez les habitants, furent par eux accueillis comme les enfants de la maison, et, pour la plupart, admis à la table de famille. Cependant trois cents environ d'entre eux furent logés chez des pauvres incapables de les nourrir, et leur solde de un franc par jour était insuffisante. Ils souffraient de la faim.

Nous nous entendîmes avec le colonel de Grancey pour les faire nourrir par les Sœurs de Charité et les Sœurs hospitalières. Ces dames voulurent bien s'en charger, et, moyennant quatre-vingt-cinq centimes par jour, leur donnèrent deux repas ainsi composés : une bonne soupe grasse, pain et viande à discrétion, un morceau de fromage et un verre de vin.

Les mobiles partirent le 27 août et furent remplacés par quatorze cents mobilisés de la Côte-d'Or et par mille mobiles des Basses-Pyrénées. Les Sœurs se chargèrent encore d'en nourrir sept cents, qu'elles traitèrent comme elles avaient fait pour les mobiles. Cet excès de fatigues hâta la fin de plusieurs d'entre elles, qui moururent victimes obscures du patriotisme et de la charité.

Après avoir pourvu aux besoins matériels de nos jeunes soldats, nous pensâmes à leurs besoins spirituels. M. l'abbé Gautrelet, se trouvant sans fonctions, accepta le poste d'aumônier des mobiles et accompagna le bataillon à Paris. M. l'abbé Lucotte, curé de Chaumont-le-Bois, s'empressa de remplir le même office vis-à-vis des mobilisés.

Trois mille huit cents hommes quittèrent Châtillon en bon état de santé, ne manquant de rien, et dans d'excellentes dispositions pour marcher à l'ennemi.

M. de Grancey avait en quelques semaines donné à ses mobiles la discipline propre aux vieilles troupes, et l'énergie qu'ils montrèrent dans les avant-postes au siège de Paris témoigna de leur courage et de la haute distinction de leur colonel.

Les habitants de Châtillon reconnurent bien vite la supériorité à cet égard du colonel de Grancey, qui sut diriger militairement ses hommes et leur inspirer à tous l'esprit d'obéissance. Quant aux mobilisés, qui avaient choisi eux-mêmes leurs officiers, ils ne montrèrent pas la discipline et les vertus militaires dont avaient fait preuve les mobiles. Aussi, soit par leur faute, soit par l'incurie de leurs chefs, ils perdirent plus de monde, dans les hôpitaux du Midi, que les mobiles, qui se battirent cependant tous les jours aux avant-postes, sous les murs de Paris.

Le 2 septembre, l'Empire s'effondrait à Sedan, et, le 4 septembre, la République était proclamée. Dans le même moment, le secrétaire de la mairie nous quittait, le sous-préfet était incorporé dans les mobilisés, et le receveur municipal, dont la femme était grièvement malade, nous apportait sa caisse et cessait ses fonctions, de sorte que la municipalité, abandonnée de tous, dut pourvoir à toutes les nécessités

Le 10 novembre, un corps de cinq cents Allemands vint de Dijon occuper le village de Coulmier-le-Sec, à quatorze kilomètres de Châtillon. Le même jour, à huit heures du soir, arrivait à la gare un convoi de munitions pour la place de Langres. L'employé qui escortait ce convoi se hâta de venir trouver le maire, et lui demanda de suite cent chevaux attelés.

J'ordonne d'atteler immédiatement huit de mes

chevaux capables d'aller à Langres sans débrider, et de les charger. Les agents de police et les gardes champêtres se mettent en campagne pour réquisitionner les propriétaires de chevaux. Le chargement s'opère pendant la nuit, et le lendemain, à cinq heures du matin, soixante-cinq chevaux chargés partaient pour Langres. De mon côté, je m'étais levé avant le jour pour courir à la gendarmerie. Tous les gendarmes étaient partis. En revenant au milieu de la ville, je rencontre deux gendarmes à pied d'Aignay-le-Duc qui fuyaient pour ne pas être pris. Je les arrête, leur loue une voiture et leur ordonne de précéder le convoi et de réquisitionner au besoin, le long de la route, tous les chevaux nécessaires pour remplacer ceux qui seraient trop fatigués.

Grâce à ces précautions, le convoi était rendu le même jour à Langres. Cependant, trois heures après le départ du convoi, un détachement de cavalerie allemande, venant de Coulmier, traversait la ville au galop et se rendait à la gare pour s'en emparer. Il était trop tard. L'expédition des Allemands établis à Coulmier avait complètement échoué.

Le 13 novembre, l'occupation prussienne commença. Assez douce d'abord, elle devint violente à la suite de l'attaque des francs-tireurs.

Les Prussiens sommèrent les habitants de livrer leurs armes, ce que firent un grand nombre de personnes. Nous avions cinquante fusils de pompier. Sur l'avis du conseil municipal, ils ne furent pas livrés, mais enterrés, et, quand la paix fut faite, envoyés à l'arsenal de Besançon.

Comme ils étaient rouillés, on osa nous demander trente ou quarante francs pour frais de nettoyage. Indignés par cette demande, nous avons refusé de payer.

Le 18 novembre, un charretier qui avait conduit des farines à Montbard avait, en revenant, traversé le village de Coulmier-le-Sec, où se trouvaient des francs-tireurs.

A huit heures du soir, il venait me dire que Ricciotti Garibaldi l'avait chargé de me demander la permission d'attaquer le lendemain les Prussiens à Châtillon.

Comprenant les conséquences qu'une pareille aventure pouvait avoir pour la ville, je répondis que je refusais. Je considérais cette attaque comme pleine de danger pour la cité et complètement inutile au pays. Mais comme Châtillon et le château étaient pleins de Prussiens, il était impossible de sortir à pareille heure et de prendre aucune mesure pour conjurer le malheur qui nous menaçait. Il n'y avait qu'à attendre et à se remettre entre les mains de Dieu. C'est ce que nous fîmes.

Le 19 novembre, à six heures et demie du matin, les habitants étaient réveillés par une vive fusillade qu'engageaient quatre cents francs-tireurs, envahissant la ville par plusieurs routes différentes.

Les Prussiens, contre leur habitude, ne s'étaient pas gardés. Il n'y avait aucun poste de nuit dans la ville. Une seule sentinelle était placée sur le pont de la route de Montbard. L'imprévoyance de nos ennemis était d'autant plus inexplicable, qu'ils connaissaient la présence de nombreux francs-tireurs dans le voisinage de Châtillon. Les quelques journaux français qui parvenaient de temps en temps jusqu'à nous signalaient les courses de ces francs-tireurs autour de Montbard, Darcey, les Laumes, c'est-à-dire à vingt-cinq ou trente kilomètres de notre ville.

Neuf officiers, logés à l'hôtel de la Côte-d'Or, furent pris dans leurs lits. Après deux ou trois heures de fusillade, les francs-tireurs se retirèrent, abandonnant la ville aux vengeances de l'ennemi, en emmenant avec eux cent soixante-dix prisonniers, soixante-dix chevaux, des fourgons et, dit-on, la caisse du régiment. Ils avaient tué dix Prussiens et perdu à peu près autant des leurs.

Les deux premières victimes furent mes deux gardes : Poirier, tué d'une balle au front, et Charpentier, blessé d'une balle à l'épaule.

Une compagnie de francs-tireurs, entrant en ville par la route de Tonnerre, avait fait sans réflexion une décharge sur la petite porte d'entrée de la cour du château, derrière laquelle s'étaient mis les deux gardes, pour écouter ce qui se passait au dehors. La porte avait été traversée par les balles et les gardes frappés. La veuve de Poirier est devenue folle de douleur et s'est noyée quelque temps après. Un homme d'équipe du chemin de fer a été tué vis-à-vis la place, et plusieurs citoyens furent blessés. Les francs-tireurs et leurs chefs se conduisirent bravement, mais les soldats étaient d'une maladresse extraordinaire : c'est ce qui explique le peu de pertes subies par l'ennemi.

Les troupes prussiennes attaquées par les francs-tireurs consistaient en un bataillon de la Landwehr, fort de huit cents hommes, et un escadron de cent trente à cent cinquante hussards.

Quelques minutes après la fusillade qui avait coûté la vie à Poirier, Charpentier, soutenu par sa femme, arrive près de moi.

« Qu'avez-vous, Charpentier? lui dis-je.

— Je me meurs, monsieur, et Poirier est tué.

— Par qui?

— Par eux, par les Français. »

C'est tout ce que je puis en obtenir. Il me demande à boire un peu d'eau-de-vie. En descendant en chercher, je me trouve en tête à tête dans l'escalier avec un soldat prussien qui, tout effrayé, redescend bien vite et se sauve.

Cependant, craignant que le château, à cause de sa position isolée et culminante, ne fût choisi comme forteresse par l'un ou l'autre des deux partis, je me hâtai d'emmener ma famille à travers le parc dans la direction de Sainte-Colombe. J'emportai quelques valeurs et notamment la caisse du receveur municipal. Le tout fut remis à

M. l'abbé Charrier, précepteur de mes enfants. Le château était rempli de Prussiens furieux. Il fallut s'échapper par des sentiers détournés, et les balles sifflaient à nos oreilles.

Après avoir mis en sûreté ma famille et la caisse municipale, je rentrai en ville pour me rendre à la mairie où était mon poste. En m'y rendant, je vis, dans la rue de l'Abbaye, deux francs-tireurs tués par des soldats prussiens logés chez M. Hagel-Sirot, Alsacien, établi et marié à Châtillon. Ces soldats me couchèrent en joue. M. Hagel-Sirot les empêcha de tirer en leur disant en allemand quelques paroles que je n'ai pas comprises.

Il me fut impossible d'arriver à la mairie, car les Prussiens s'y étaient retranchés ainsi qu'à la sous-préfecture, et fusillaient tous ceux qui passaient sur la place. Quant aux francs-tireurs, embarrassés de leur butin, de leurs chevaux et de leurs prisonniers, et trop peu nombreux d'ailleurs, ils ne s'étaient pas sentis assez forts pour les y attaquer.

Obligé de rentrer chez moi et m'attendant à de dures épreuves, je plaçai un vieux domestique à l'entrée du château avec ordre de me prévenir, et j'attendis.

Vers neuf heures et demie, ce domestique vint m'annoncer que des cavaliers montaient l'avenue. Je sortis. Un officier lança brutalement son cheval sur moi et me demanda à voir la porte trouée par les balles des francs-tireurs, ainsi que le malheureux garde qui était étendu dans la remise. Puis je fus conduit à la gendarmerie, qui est située à l'autre extrémité de la ville. L'officier me demanda de lui montrer la maison de Mme la marquise de Chargère, où logeait un officier qui avait été blessé pendant l'attaque des franc-tireurs, et me remit entre les mains de deux fantassins.

Ceux-ci me firent de nouveau traverser la ville en me frappant de leurs crosses de fusil. En passant sur le pont de l'Abbaye, l'un d'eux fit tomber mon chapeau dans la Seine, et nous arrivâmes enfin au-dessus de la route de Langres, à quelques centaines de mètres de Châtillon, où les Prussiens s'étaient concentrés.

Je trouvai là quarante ou cinquante de nos concitoyens arrêtés comme moi, et, entre autres, M. des Étangs, président du tribunal civil, et un vieillard de soixante-quinze ans nommé Maupin, dans la maison duquel un soldat qui avait voulu se défendre avait été tué par les francs-tireurs.

Maupin avait été amené sur une brouette. Il était, en effet, incapable de marcher par suite de ses infirmités et des mauvais traitements qu'il avait subis. Il était couvert de sang et avait deux fractures au bras. Chaque soldat, en passant près de lui, le frappait sans pitié; on renversait la brouette, et on le replaçait brutalement dessus en le prenant par son bras cassé. C'était lâche, cruel et hideux à voir. Certainement les invasions barbares du ve siècle n'ont pas offert de plus ignoble spectacle.

Voici encore un trait qui peint la férocité de ce peuple haineux qu'on nous donne comme modèle :

Nous avions été emmenés dans un champ situé à droite et à trente ou quarante mètres de la route, placés debout en cercle, serrés les uns contre les autres, et Maupin sur sa brouette au milieu du cercle. Les Prussiens, voyant que nous protégions ce malheureux contre le froid, et n'étant pas satisfaits de leurs cruautés à son égard, imaginèrent de retirer la brouette du milieu du cercle et d'exposer Maupin la figure tournée au vent. Les soldats continuèrent pendant toute la nuit à le frapper et à renverser la brouette.

Les francs-tireurs, après avoir mis leurs prises en sûreté, étaient venus bivouaquer sur la route de Montbard, dans les carrières situées à trois kilomètres de la ville. Nous voyions leurs feux. On nous dit qu'ils étaient disposés à attaquer de nouveau les Prussiens, mais qu'ils auraient été détournés de cette entreprise par les rapports d'un homme venant de Châtillon, et d'après lesquels les Prussiens auraient reçu des renforts et des canons.

Nous redoutions une nouvelle attaque qui eût fait courir les plus grands dangers aux otages. Ceux-ci sentaient ces dangers, et plusieurs parlaient de s'enfuir à la faveur de la nuit. Comprenant les suites périlleuses d'une pareille tentative, nous les engageâmes à se réunir à nous pour prier.

La prière fut faite en commun au milieu des Prussiens. Personne ne pensa plus à se sauver.

Des lumières, que l'on apercevait aux fenêtres du château, m'apprirent qu'on y était rentré. En effet, ma femme, ma belle-sœur et l'abbé Charrier étaient revenus au château. Quant à mes enfants, on les avait conduits à Chaumont-le-Bois, où ils séjournèrent jusqu'à la paix.

Le lendemain 20 novembre, après vingt-quatre heures passées sur nos jambes, on nous ramena en ville. M. des Étangs était rentré la veille. Je fus conduit seul à la mairie par un soldat qui marchait derrière moi et me piquait les jambes avec sa baïonnette.

Les Prussiens rentrèrent en ville, brisant sur leur passage beaucoup de vitres et de fenêtres. Les rues étaient presque désertes; mais à la mairie se trouvaient des conseillers municipaux et un certain nombre de généreux citoyens, accourus pour prêter leur concours à la municipalité.

Vers trois heures de l'après-midi, l'ennemi, se croyant probablement trop faible pour résister à une nouvelle attaque, quitta Châtillon pour se rendre à Châteauvillain.

Tous les otages avaient été rendus à la liberté, sauf le maire, Maupin et quatre autres habitants. Ces six prisonniers furent emmenés par les Prussiens.

Pendant deux jours, je m'attendis à être fusillé; mais, ne voulant rien laisser aux ennemis, j'avais

donné ma bourse, mon portefeuille et mes clefs à
M. Terrillon, l'un des otages. Arrivés à Châteauvillain, les officiers me firent manger avec eux et
coucher à l'hôtel dans une chambre à côté de la leur.

Un des faits qui avaient particulièrement irrité
les Prussiens dans le combat de Châtillon avait
été la mort du major d'Alwensleben.

Voici dans quelles circonstances cet officier
allemand a été tué, d'après le récit de M. Barra-
chin chez lequel il était logé :

« Le 19 novembre, à sept heures et demie du
matin, nous entendons la fusillade. Je descends
dans la cour et vois le major d'Alwensleben (installé
chez moi depuis le 16) qui, venant d'être réveillé,
faisait à la hâte ses préparatifs de départ. Il part
avec deux ordonnances par la route de Darbois.
Un quart d'heure après, j'entends deux coups de
feu dans cette direction. Je vais au fond du jardin,
et j'aperçois l'officier tué étendu près du chemin
qui conduit à la route de Vanvey. Les ordonnances
n'avaient pas été atteints... Vers onze heures, six
cavaliers prussiens s'introduisent dans ma cour.
Le sous-officier qui les dirige s'avance vers moi
et, me menaçant de son sabre, s'écrie : « Monsieur,
« mon officier vient d'être tué à votre porte.
« Nous ne l'oublierons pas ! Il y a des maisons à
« Châtillon qui seront en cendres demain. »

« Dans la nuit, deux soldats prussiens viennent
faire une perquisition chez moi.

« Le 22, cinquante soldats des chasseurs de la

Mort enfoncent la porte par laquelle le major était sorti et envahissent mon jardin, exigeant qu'on les loge, et déclarant qu'ils étaient envoyés à Châtillon exprès pour brûler la ville et ma maison en particulier.

« Tout s'est borné chez moi au pillage de ma cave et au vol de quelques objets. »

Le 21 novembre, il y eut à Châteauvillain une grande concentration de troupes de toutes armes, avec une nombreuse artillerie. On partit dans l'après-midi pour aller coucher à Latrecey. Le maire, monté dans une charrette, traversait les rangs des soldats. Ceux-ci, qui avaient été excités par leurs officiers, criaient : *Capout Châtillon!* et, se montrant le maire, lui disaient : « Canaille ! chassepot ! etc. » Je croyais, en effet, à la fin de la bonne ville de Châtillon. Elle ne pensait guère à se défendre pourtant, et n'était certes pas de force à résister à l'avalanche humaine qui allait fondre sur elle.

Quant aux officiers, ils étaient polis vis-à-vis de moi, et me faisaient dîner avec eux à Latrecey. Inquiet sur le sort dont Châtillon était menacé, je mangeais peu. Les officiers me demandèrent pourquoi : « C'est, leur dis-je, parce que vos soldats veulent détruire Châtillon. »

L'un d'eux, me prenant à part, me dit : « Rassurez-vous, notre intention n'est pas de détruire Châtillon ; seulement, si les Garibaldiens occupent la ville, nous ne ferons pas tuer nos

soldats dans une guerre de rues. Nous bombarde-
rons la ville, et nous la brûlerons, si c'est
nécessaire, pour chasser l'ennemi. »

Cette perspective m'effrayait peu, attendu qu'il
était certain que Ricciotti Garibaldi n'oserait pas
se mesurer avec des troupes trente fois plus
nombreuses que les siennes.

Le 22 novembre, les colonnes prussiennes
reprirent leur marche; les soldats, de plus en plus
animés à la haine et à la vengeance, se montraient
menaçants.

De nouvelles troupes, arrivant par la route de
Bar-sur-Aube, rejoignirent la colonne principale
avant d'entrer à Courban.

Toute cette multitude arriva à Châtillon dans
l'après-midi. L'entrée en ville fut sinistre et
effrayante. Tous les magasins et beaucoup d'habi-
tations privées furent livrés au pillage, principa-
lement dans la rue Saint-Jean et le quartier haut
de Chaumont, habité surtout par des pauvres.
L'ennemi avait supposé, bien à tort, que cette
partie de la population était sympathique aux
Garibaldiens et avait favorisé l'attaque du 19 novembre. Or personne, en ville, n'avait eu connais-
sance des projets des francs-tireurs.

Les Prussiens mirent le feu à deux maisons
situées à l'angle des rues de Chaumomt et de
l'Abbaye, et dans lesquelles avaient été tués des
soldats et un officier qui avaient voulu se défendre.
Le feu se communiqua à une maison voisine et la

détruisit également, mais contre le gré de nos ennemis, qui travaillèrent eux-mêmes à éteindre l'incendie. Deux de ces maisons ont été reconstruites. L'emplacement de la troisième a été converti en jardin.

Après le départ des Allemands pour Château-villain, le premier souci des adjoints et du conseil municipal avait été de se préoccuper du maire et des cinq otages emmenés avec lui. Quatre citoyens : M. le curé Michaut, M. Jules Beaudoin, adjoint, M. Cailletet-Voizot et M. le docteur Buzenet, étaient immédiatement partis, munis d'un sauf-conduit de l'autorité allemande. Un officier allemand avait pendant l'attaque reçu une balle dans les reins, et on l'avait reconduit dans le logement qu'il occupait chez Mme la marquise de Chargère. Le docteur Buzenet, avec son habileté et son dévouement habituel pour tous ses malades, avait extrait la balle et donné ses soins à cet officier, qui, par reconnaissance, lui avait remis une lettre de recommandation.

Ces quatre messieurs avaient pour mission d'intercéder pour nous et de faire comprendre aux généraux ennemis que le maire, le conseil municipal et tous les habitants étaient complètement étrangers au coup de main des francs-tireurs.

Les Prussiens le savaient bien ; mais, selon leur habitude, ils cherchaient à terrifier la population, et d'ailleurs c'était un prétexte tout trouvé pour exiger et prendre beaucoup.

Les généraux ennemis, le soir même de leur arrivée à Châtillon, convoquèrent le conseil municipal à la sous-préfecture. Ils nous adressèrent les plus vifs reproches, nous accusant d'avoir assassiné leurs soldats. Ils demandaient un million de francs comme contributions de guerre. Plusieurs conseillers municipaux répondirent et prouvèrent qu'aucun des habitants n'avait pactisé avec les francs-tireurs. On négocia, et l'on fit si bien que l'ennemi se contenta de soixante et un mille cinq cent trois francs et de quatre-vingt-douze mille francs de traites payables après la guerre.

Par suite des conditions du traité de Francfort, ces traites ne furent pas payées et furent annulées. Quant à la somme de soixante et un mille cinq cent trois francs payée par la ville, on prétend qu'elle représentait celle trouvée par les francs-tireurs dans la caisse du régiment.

Dans cette même séance, les généraux prussiens, ayant appris que M. Gérard, sous-préfet, était parti avec les mobilisés, chargèrent le maire de remplir vis-à-vis d'eux les fonctions de sous-préfet. C'est ce qui fut fait pendant toute la durée de la guerre.

Les Prussiens imposaient des réquisitions que nous devions faire parvenir aux maires des différentes communes. Nous recevions toutes les réclamations auxquelles donnaient lieu ces réquisitions, et, dans nos rapports quotidiens avec l'autorité allemande, nous parvenions presque toujours à en adoucir la rigueur. Quelques maires ayant critiqué cette manière de faire, nous refusâmes un jour d'envoyer les réquisitions. L'ennemi se chargea alors de la besogne et expédia un détachement de cavalerie dans les villages de Prusly, Massingy, Chaumont-le-Bois, Obtrée, etc. Les soldats emportèrent beaucoup de provisions non réquisitionnées, se firent servir à manger et à boire et effrayèrent les habitants. Aussi l'on nous redemanda dès le lendemain d'envoyer nous-mêmes les porteurs de réquisitions.

Le 23 novembre eut lieu à Châtillon, sous la présidence du major Bockelmann, une réunion de tous les maires de l'arrondissement. Trois maires des villages éloignés manquaient à l'appel. Le major se fâcha contre eux et imposa à chacune de leurs communes une amende de mille francs. Nous nous interposâmes en arguant du mauvais temps, de l'état des chemins et de l'éloignement de ces maires. M. Mailfert, maire de Recey, les excusa de son mieux et se porta fort pour eux. L'amende fut levée.

Le major signifia à tous les maires d'avoir à faire participer leurs communes respectives, dans une proportion raisonnable et juste, à l'entretien des troupes. Tous y consentirent; mais quelques conseils municipaux, surtout dans les villages éloignés qui se croyaient à l'abri des visites de l'ennemi, ne ratifièrent pas cet engagement.

Le major parlait fort et s'exprimait péniblement en français. Dans une circonstance aussi dramatique et devant un ennemi victorieux, il n'y avait qu'à se taire. Cependant un maire ricanait. Le major Bockelmann, furieux, l'apostropha, et sa colère s'augmentait encore par la difficulté qu'il éprouvait pour s'exprimer. Un des assistants demanda la parole, et exposa en peu de mots et très clairement ce que voulait le major. Celui-ci se calma bientôt, et le maire ne fut pas puni.

Le 24 novembre, je passai devant un conseil de guerre. Il me fut facile de prouver que l'attaque des francs-tireurs, qui ne pouvait manquer d'avoir pour la ville les conséquences les plus funestes, n'était pas de mon fait, et je fus renvoyé absous.

Quant au colonel Lettgan, dont la négligence avait favorisé l'attaque, il a été cité devant un conseil de guerre, et, d'après ce que m'ont rapporté plusieurs officiers allemands, il a été dégradé.

Lors du retour de Châteauvillain, deux cent cinquante soldats et douze officiers s'étaient installés pendant quarante heures au château. Ils pillèrent toutes les conserves et provisions de bouche et brisèrent plusieurs glaces. Ils détériorèrent aussi les tentures et les boiseries derrière lesquelles ils pensaient trouver des cachettes. On fut constamment obligé de pourvoir à leurs besoins. Nuit et jour on faisait de la cuisine. C'est ainsi qu'une cheminée surchauffée communiqua le feu à des solives et arrière-couvertes non apparentes de l'étage supérieur. Tous les officiers et soldats évacuèrent le château le 24, à sept heures du matin. Il ne resta qu'une ambulance de dix hommes, que M. Bernard, adjoint, avec sa prévoyance habituelle et dans le but de nous protéger, avait fait installer dans le vestibule du rez-de-chaussée.

Aussitôt après le départ des ennemis, on avait balayé toutes les pièces et enlevé les ordures qu'ils y avaient laissées. Plusieurs inspections minutieuses furent passées par les habitants du château. Rien ne faisait soupçonner la présence du feu, qui cependant couvait sous le plancher. On alla se coucher. Vers une heure du matin, nous fûmes réveillés par la fumée. Le château était en feu. Je me précipitai dans l'escalier conduisant aux mansardes pour aller éveiller deux servantes, qui se sauvèrent à demi vêtues. Il fallait se hâter pour ne pas être asphyxié. Je descendis ensuite pour prévenir les soldats de l'ambulance. L'incendie avait heureusement éclaté dans l'aile nord du château, et le vent soufflait du midi. Cette circonstance nous permit de sauver la partie sud. On se mit à l'œuvre. Quelques hommes accoururent avec une des pompes de la ville, ainsi que beaucoup de femmes qui firent la chaîne. Les hommes qui voulaient venir étaient arrêtés par les Prussiens. On abattit une partie de la toiture de la façade pour faire la part du feu, le jet de la pompe fut dirigé avec adresse et intelligence, et le 25, au petit jour, on était maître du feu. Mais les deux tiers du château et la presque totalité du mobilier furent brûlés. Tout le linge, tous les vêtements, châles, dentelles, bijoux, tableaux et une foule d'objets précieux, le furent également. L'argenterie et mes médailles d'agriculture furent en partie fondues dans les cachettes que nous avions pratiquées. Toutes mes valeurs mobilières au porteur et nominatives étaient carbonisées et s'émiettaient au toucher, et je ne parvins qu'à force de voyages, de démarches et de dépenses, à reconstituer ma fortune mobilière.

La capitulation de Metz nous avait accablés de douleur, car nous attendions toujours le moment où l'armée de cent soixante-dix mille soldats, que Bazaine avait laissé enfermer dans cette grande place, ferait une trouée dans le cercle de fer qui l'entourait et viendrait débloquer Paris et sauver la France.

Je logeais, depuis l'incendie du château, chez M. Camus-Lapérouse, où se trouvaient également deux officiers allemands. En causant avec ces derniers, je leur dis, un jour, que jamais, si Bazaine eût fait son devoir, ils n'eussent pris Metz : « C'est peut-être vrai, répondirent-ils, Bazaine vous a trahis. Pourquoi aussi, vous autres Français, donnez-vous toujours le commandement et votre confiance à de malhonnêtes gens qui vous trahissent et vous livrent sans défense entre nos mains? Chez nous, pour commander ou pour occuper un poste quelconque dans l'administration ou dans l'armée, on doit être Allemand de bonne souche et irréprochable. Tout officier dont l'honorabilité est douteuse, et dont la famille n'est pas parfaitement honnête, est immédiatement rayé des cadres de l'armée. Vous avez ce que vous méritez. »

Tel est le jugement porté par nos ennemis sur la conduite de Bazaine et sur le gouvernement dit de la Défense nationale.

Les armées qui bloquaient Metz se trouvant disponibles, de grandes masses de troupes furent dirigées sur la Loire et passèrent par Châtillon. Plus tard, l'armée de Manteuffel, envoyée pour combattre Bourbaki, passa aussi par notre ville. Nous avions une garnison permanente de quinze à dix-huit cents hommes et de douze à quinze cents chevaux, et le passage journalier de plusieurs milliers d'hommes et de chevaux. On a évalué à *cinq cent cinquante mille* le nombre des journées d'hommes et à *cent quatre-vingt mille* celui des journées de chevaux ayant passé ou fait séjour à Châtillon.

Il fallait pourvoir au besoin de tout cela, et la difficulté était encore augmentée par le fait de la sécheresse extraordinaire de l'année 1870, qui avait fort amoindri les récoltes de foin, de paille et d'avoine. Nous ne savions comment sortir d'embarras. J'avais une très belle et nombreuse vacherie que l'on me demanda et que je livrai, ainsi que des moutons et beaucoup de denrées.

Puis vinrent les réquisitions incessantes des Prussiens. La ville et le voisinage furent bientôt épuisés. La situation devenait impossible, il fallait en sortir à tout prix.

L'habitude des Prussiens est de fêter Noël par un bon repas, et il y avait ce jour-là un grand dîner d'officiers. Le maire et l'un des adjoints leur envoyèrent quinze bouteilles de bon vin prises dans leurs caves. Les Prussiens furent enchantés et invitèrent à dîner avec eux le maire et les adjoints, qui, naturellement, refusèrent. Mais, à partir de ce moment, les rapports devinrent plus faciles. Nous en profitâmes pour exposer notre détresse. On nous accorda immédiatement trois mille moutons, toute l'avoine nécessaire aux chevaux, de l'eau-de-vie deux fois par semaine en place de vin, toute la farine nécessaire à la cuisson du pain, etc. etc. Il vint d'abord douze cents moutons, puis mille, puis huit cents. Ils furent logés dans mes bergeries et nourris avec du foin de réquisition, de l'avoine des Prussiens, des betteraves et de la paille fournies par moi. Ils communiquèrent la gale à quarante béliers et à deux cents jeunes brebis dont je dus me défaire.

Vers le même moment, des prisonniers français étaient conduits à la prison. Un habitant offrant à l'un d'eux un verre de vin, le major Rœhl brisa le verre d'un coup de sabre, et l'habitant fut grièvement blessé à la main. L'officier fut honteux de son emportement, et M. l'adjoint Bernard en profita pour lui exposer la détresse des ambulances, qui regorgeaient de malades et de blessés, et manquaient des choses indispensables. Le major accorda beaucoup de provisions de toutes sortes.

Il nous fallut encore accueillir plus de six mille échappés de Reischoffen, Metz, Sedan, prisonniers français venant de Dijon, Verrey, Avallon, etc. etc., et un nombre égal de prisonniers revenant d'Allemagne. Nous pûmes suffire à tout et pourvoir aux besoins de tous les Français malheureux qui traversèrent notre ville.

Un jour, arrivaient à Châtillon deux femmes des environs de Joigny, suivant un malheureux conduit par les Prussiens et à moitié mort par suite de coups et de mauvais traitements. On voulait le fusiller. Cet homme avait eu une altercation avec un soldat. Il lui disputait la possession d'un fusil chargé. Le fusil était parti, et le soldat avait été blessé. Le cas était grave. Les deux femmes, dont l'une était l'épouse, et l'autre la mère du prisonnier, vinrent me trouver tout éplorées, me priant d'intercéder auprès des généraux prussiens.

M. des Étangs avait chez lui le général de Wedel. Je priai M. des Étangs de me faire dîner avec lui. Après quelques instants de conversation, j'abordai la question importante. Le général fut très courtois et très poli.

« Notre soldat blessé est-il mort ? me demanda-t-il.

— Non, répondis-je, il est à l'hôpital de Joigny.

— Eh bien, dites aux deux femmes que le prisonnier ne sera pas fusillé. »

Je remerciai le général et me hâtai d’aller annoncer la bonne nouvelle aux malheureuses.

La guerre de francs-tireurs et les attaques isolées sont toujours inutiles et funestes aux populations. Nous en avons vu plusieurs exemples dans notre région.

Un jour, quelques hommes de Mussy, cachés dans les bois, envoyèrent des coups de fusil à une colonne prussienne qui se dirigeait sur Châtillon. Les Prussiens ripostèrent et blessèrent l’un des agresseurs, qui fut amené à l’hôpital de Châtillon. Les soldats furieux, en arrivant dans la partie du village de Plaines traversé par la route, maltraitèrent les habitants et tuèrent un forgeron qui fendait du bois devant sa maison. L’habitant de Mussy qui avait été blessé fut placé à l’hôpital dans une grande chambre du deuxième étage, avec quatre francs-tireurs également blessés. Les Prussiens ne leur firent pas de mal, mais ils prenaient plaisir à les effrayer par des menaces continuelles. Les francs-tireurs, une fois guéris, furent envoyés en Allemagne.

Le 19 décembre, à six heures et demie du matin, on entendait un feu de peloton du côté du cimetière de Saint-Vorles. C’était un meunier de Marac (Haute-Marne), nommé Vigneron, que les Prussiens fusillaient.

Le 11 décembre, Vigneron, qui n’était marié que

depuis quelques jours, dans un élan de patriotisme irréfléchi, avait tiré sur un détachement ennemi. Fait prisonnier, il avait été amené à Châtillon et condamné. On lui donna quelques minutes seulement pour écrire à sa jeune femme et pour recevoir les secours de la religion.

Un des principaux habitants de la ville, membre du conseil municipal, a fait élever sur la place de l'exécution une croix en pierre portant l'inscription suivante :

A LÉON VIGNERON

GARDE NATIONAL

PRISONNIER A MARAC LE 11 DÉCEMBRE 1870
FUSILLÉ ICI LE 19 PAR LES PRUSSIENS.
IL EST MORT EN CHRÉTIEN ET POUR LA PATRIE.
QUE DIEU PRÉSERVE A JAMAIS LA FRANCE
DE FRAPPER LE VAINCU DÉSARMÉ
ET DE PUNIR LE PATRIOTISME COMME UN CRIME

Un des caractères de cette guerre sauvage, c'est la haine religieuse, la haine des prêtres commune aux révolutionnaires et aux Prussiens protestants.

Deux frères, enfants du Châtillonnais, prêtres tous deux, devaient être victimes de cette haine satanique :

M. l'abbé Frérot, natif de Buncey, ancien curé archiprêtre de Châtillon, et mort il y a quelques années évêque d'Angoulême, était en 1870 curé de

Ruffey, près Dijon. A la suite de l'expédition ridicule du docteur Lavalle sur Pontarlier-sur-Saône et de sa fuite honteuse, M. l'abbé Frérot rencontra une colonne de mobilisés de la Loire, mourant de faim et se rabattant en déroute sur Dijon. Ils n'avaient pour chef qu'un aide-major. Sur leur demande, M. l'abbé Frérot les répartit aussi rapidement que possible dans les maisons de Ruffey et d'Échirey. Les habitants s'empressèrent naturellement de leur donner à boire et à manger. M. le curé conduisit ensuite le détachement sur la route de Dijon. En revenant au village, il rencontra quelques retardataires qui, tout en chantant la *Marseillaise,* lui tirèrent deux coups de fusil. Il entendit les balles siffler à ses oreilles. C'était ainsi qu'on le remerciait et que l'on comprenait le courage et le patriotisme.

Le frère de M. l'abbé Frérot était curé de Verrey-sous-Salmaise. Il fut assassiné par les Prussiens. Voici le récit de sa mort fait par un témoin oculaire :

« Dans la soirée du 16 janvier, sept uhlans firent leur apparition à Verrey. Par hasard, quelques francs-tireurs isolés se trouvaient là. Vite ceux-ci se concertent, et, tandis que les uns vont s'embusquer dans les vignes, afin de s'opposer à la retraite des Prussiens, les autres se disposent à attaquer de front. Mais l'ennemi a tout vu, tout compris. Aussi à peine est-il entré, qu'il tourne bride et s'enfuit non sans recevoir quelques coups de fusil qui se renouvellent un peu plus loin. Bref, il disparaît laissant un cheval tué et un autre blessé.

« Le bruit de cette escarmouche s'étant aussitôt répandu, trois ou quatre cents francs-tireurs (commandant Gruchy) arrivent à Verrey le soir même. Une colonne prussienne avait couché à sept kilomètres de là. Tous les francs-tireurs avaient quitté le village et gravi les coteaux. Aussitôt la fusillade s'engagea. Elle fut vive de part et d'autre. Malheureusement le résultat n'était que trop facile à prévoir. Tandis que les Garibaldiens sur les hauteurs, mais d'un seul côté de la vallée, et certes le moins favorable dans la circonstance, ne pouvaient que très imparfaitement atteindre l'ennemi abrité derrière le talus du chemin de fer, celui-ci avançait toujours, et les nôtres, se voyant menacés de toutes parts et presque enveloppés, opérèrent leur retraite par la montagne.

« Ce fut alors que les Prussiens arrivèrent à Verrey. Ils n'avaient pas reçu un coup de fusil de ce côté pendant l'engagement. A leur entrée, ils ne virent çà et là que quelques habitants paisibles rentrant chez eux. Néanmoins leur fureur n'eut pas de bornes. Ce ne furent que hurlements affreux, coups de fusil dans les fenêtres, feux de peloton dans les rues. Les devantures des magasins étaient brisées, les portes enfoncées, les maisons envahies. Les habitants trouvés dans les rues furent jetés à terre, les hommes, les femmes, les

enfants, indistinctement frappés à coups de poing,
à coups de pied, à coups de crosses de fusil et de
baïonnettes. Un enfant de quatre ans eut la tête
labourée d'une balle ; une jeune femme, assise au
coin de son feu, fut tuée à bout portant, tandis
qu'elle allaitait son enfant ; un vieillard, également
ment atteint d'une balle en pleine poitrine, tomba
raide mort au milieu de sa cuisine. Plusieurs
autres habitants furent blessés de coups de feu
dans les membres. Enfin M. le curé lui-même fut
l'objet des plus odieux attentats.

« Une quinzaine de forcenés ayant pénétré chez
lui, au presbytère, y ayant tout renversé, tout
saccagé, le poussèrent, lui et sa domestique, hors
de cet asile, à coups de crosses de fusil et de
baïonnettes. Arrivé dans le jardin, le corps meur-
tri, les mains et le visage ensanglantés, le malheureux prêtre parvint enfin à s'éloigner quelque
peu de ses agresseurs. Peut-être allait-il échapper
à leur rage. Il n'y fut que plus dangereusement
exposé. Voici, en effet, qu'il se voit mettre en joue
par l'un d'eux, et, sans plus tarder, une balle
siffle à ses oreilles. Même mouvement de la part
d'un autre, même sifflement sinistre. Cependant
M. le curé, qui regarde ses assaillants en face, voit
que le premier recharge son arme et la dirige de
nouveau sur lui. Cette fois, il tombe baigné dans
son sang. Il venait d'être atteint en plein visage.

« Était-ce assez de tortures ? D'autres, non
moins cruelles, lui étaient réservées. A peine

pansé, la tête enveloppée de linges, et le visage baigné de sang, cet infortuné était conduit à l'ambulance voisine, précédé par le drapeau de la Convention de Genève que portaient quelques paroissiens. Eh bien, le croirait-on ? il s'est trouvé, non pas un soldat, mais dix pour le frapper à coups de crosses de fusil et lui vociférer aux oreilles ces horribles paroles :

« — Il faut le pendre! le pendre!

« — C'est bien, messieurs, c'est bien, » répondit la victime mourante.

« Les officiers présidaient à ces horreurs ainsi qu'au vol et pillage qui eurent lieu en même temps.»

La troupe qui commit ces cruautés inutiles et odieuses faisait partie d'un petit corps d'armée de quatre à cinq mille hommes que Manteuffel avait détaché sur Dijon pour occuper Garibaldi, pendant que lui-même dirigeait par la vallée de l'Ource une armée de quatre-vingt mille hommes contre Bourbaki.

L'armée prussienne s'étendait depuis Tonnerre jusqu'à Gray. Elle craignait d'être attaquée par Garibaldi ou par la garnison de Langres. Il n'en fut rien, elle ne reçut pas un seul coup de fusil. En arrivant à Dôle, son avant-garde s'empara à la gare de trois cent quarante wagons chargés de matériel et d'approvisionnement pour l'armée de Bourbaki. Il ne s'était trouvé personne pour faire diriger ces wagons sur Lyon ou Besançon et les soustraire ainsi à l'ennemi !

Au moment de l'arrivée de Manteuffel à Châtillon, les Prussiens s'attendaient à y être attaqués.
Le major Rœhl, commandant la place, me fit
appeler et me dit : « Monsieur le maire, on va se
battre demain à Châtillon. Je vous en préviens
pour que vous preniez vos mesures en consé-
quence. »

Ces paroles du major Rœhl prouvent bien que
les Allemands, sachant le nombre et l'importance
des troupes commandées par Garibaldi, s'attendaient de sa part à une attaque certaine. Garibaldi,
en effet, devait connaître dans tous ses détails
la marche de l'ennemi qui allait de Tonnerre à
Belfort. Heure par heure, par l'intermédiaire des
agents des forêts et des ponts et chaussées et de
patriotes dévoués, il était prévenu des mouvements
des soldats allemands qui remontaient la vallée
de l'Ource. Il avait la facilité d'appeler à lui la
garnison de Langres, ainsi que des troupes
cantonnées dans le Midi, puis d'attaquer, à tel
endroit qu'il voudrait choisir, l'armée de Manteuffel
qui s'étendait de Tonnerre jusqu'à Gray. Il pouvait
donc la couper en deux, arrêter sa marche pendant
plusieurs jours, en mettre en déroute certaines
parties, et sauver ainsi l'armée de Bourbaki. Au
lieu de comprendre son rôle en cette circonstance,
il se laissa tromper, autour de Dijon, par l'attaque
de quelques milliers de soldats que Manteuffel
avait envoyés pour l'amuser. Tel a été le véritable
rôle de Garibaldi dans cette partie de la Côte-d'Or.

J'occupais à l'hôpital une chambre au **rez-de-chaussée** donnant sur le jardin, et j'avais **entre les mains** des sommes importantes appartenant à la ville. Madame la Supérieure avait des bijoux et des valeurs que les habitants lui avaient confiés. J'allai immédiatement lui faire part de la communication du major Rœhl. Nous enfermâmes notre argent et nos objets précieux dans des bocaux bien goudronnés, et, quand tout le monde fut endormi, vers onze heures ou minuit, nous creusâmes dans le jardin, à quinze ou vingt mètres de nos fenêtres, et sous mes yeux, un trou assez profond pour enfouir nos richesses. La neige tomba pendant la nuit, et la terre en fut couverte. Nous fûmes parfaitement tranquilles et sans inquiétude.

Quand la paix fut faite, nous allâmes à notre cachette pour retrouver nos valeurs. Nous n'avions pas exactement remarqué la place où elles étaient déposées, et nous fouillâmes inutilement pendant plusieurs heures. L'inquiétude commençait à nous gagner, quand heureusement nous retrouvâmes le trésor intact.

Dans le mois d'octobre 1870, le gouvernement de la Défense nationale avait songé à mettre en ligne la garde nationale sédentaire, et la municipalité avait reçu l'ordre d'habiller les gardes nationaux.

Le conseil municipal, réuni à cet effet, nomma une commission composée de marchands d'étoffes et, par conséquent, très compétente. Cette com-

mission nous présenta des échantillons de draps
très solides, chauds et peu chers. Nous nous
apprêtions à faire confectionner les habillements,
quand soudain nous arrive un monsieur, rouge à
tous crins, sous-préfet de fraîche date, et qui nous
dit : « Messieurs, vous avez décidé l'achat de
draps. Vous n'en avez pas le droit, cela n'est pas
régulier. C'est moi qui suis chargé de la fourni-
ture des draps pour habiller tous les gardes nationaux sédentaires du département. Voici mes
échantillons. » Les draps de ce monsieur étaient
loin de valoir ceux que nous avions choisis. La
municipalité jugea qu'il fallait faire traîner les
choses en longueur. Peu de semaines après, le
département était envahi en grande partie, et le
sous-préfet marchand de draps cumulard était
déclaré en faillite.

Aussitôt après la conclusion de l'armistice, un
jeune soldat, atteint de cinq blessures et exténué
de fatigue et de froid, nous arriva de Dijon,
demandant à entrer à l'hôpital pour se reposer.
On l'amenait depuis Dijon, et par étapes, en petite
voiture découverte, et il devait voyager ainsi
jusqu'à Melun, pays habité par sa famille. Il
gémissait, disant qu'il n'aurait jamais la force de
supporter les fatigues d'un pareil voyage. Nous lui
demandâmes pourquoi on ne l'avait pas renvoyé à
Melun par le chemin de fer. « C'est, nous répondit-il, parce que c'est contraire aux règlements
militaires. — Eh bien, lui dis-je, je remplis les

fonctions de sous-préfet, je ne tiens pas à ma place, reposez-vous bien. J'adresserai une réquisition au chemin de fer, comme j'en ai le droit; vous partirez demain et vous serez rendu chez vous en quelques heures et sans fatigue. » C'est ainsi que je sauvai la vie à un brave soldat, tout en économisant à l'État une dépense de cent à cent cinquante francs. J'écrivis au préfet pour lui rendre compte de ma conduite et lui demander si j'avais bien fait. On ne me répondit pas; mais on m'enleva les fonctions de sous-préfet pour les donner à un autre, ce dont je fus enchanté.

Le 28 janvier, Paris capitulait, et le 29 le commandant Rœhl nous communiquait une dépêche annonçant cette nouvelle avec ordre de la faire connaître dans les campagnes.

Le 2 février, les Prussiens faisaient afficher que Bourbaki était passé en Suisse.

Ces deux catastrophes complétaient la série non interrompue de nos désastres. Nous n'en fûmes ni surpris, ni très émus. L'immensité de nos maux avait tari chez nous la source même des larmes et de la douleur.

Après la guerre, un jour que je dînais à côté d'un général, Français de cœur et de race, je lui posai dans la conversation la question suivante :

« Au moment du passage de l'armée de Manteuffel dans la vallée de l'Ource, si vous aviez été à Dijon, à la place de Garibaldi, qu'auriez-vous fait?

— Si j'avais été à la place de Garibaldi, répondit-il, j'aurais concentré à Dijon toutes les troupes disponibles, qui étaient assez nombreuses. Mais quand je n'aurais eu que dix mille hommes, j'aurais attaqué Manteuffel ; je me serais fait tuer avec mes soldats, mais j'aurais retardé la marche de l'ennemi et sauvé l'armée de Bourbaki. »

Tel doit être le langage de tous les Français. Les hommes de cette trempe abondent dans notre armée, mais on n'en veut pas. On leur préfère des dreyfusards, des politiciens vulgaires ou des aventuriers étrangers, également incapables et souvent malhonnêtes. Telle est la cause de nos malheurs.

On devrait aussi méditer ces maximes des Livres saints :

Nisi Dominus ædificaverit domum, in vanum laboraverunt qui ædificant eam ;

Nisi Dominus custodierit civitatem, frustra vigilat qui custodit eam.

« Si le Seigneur n'a édifié la maison, c'est en vain qu'auront travaillé ceux qui l'auront bâtie.

« Si le Seigneur ne garde la cité, c'est en vain que veille celui qui la garde. »

Jerusalem, convertere ad Dominum-Deum tuum.

Le salut est non ailleurs.

30 083. — Tours, impr. Mame.

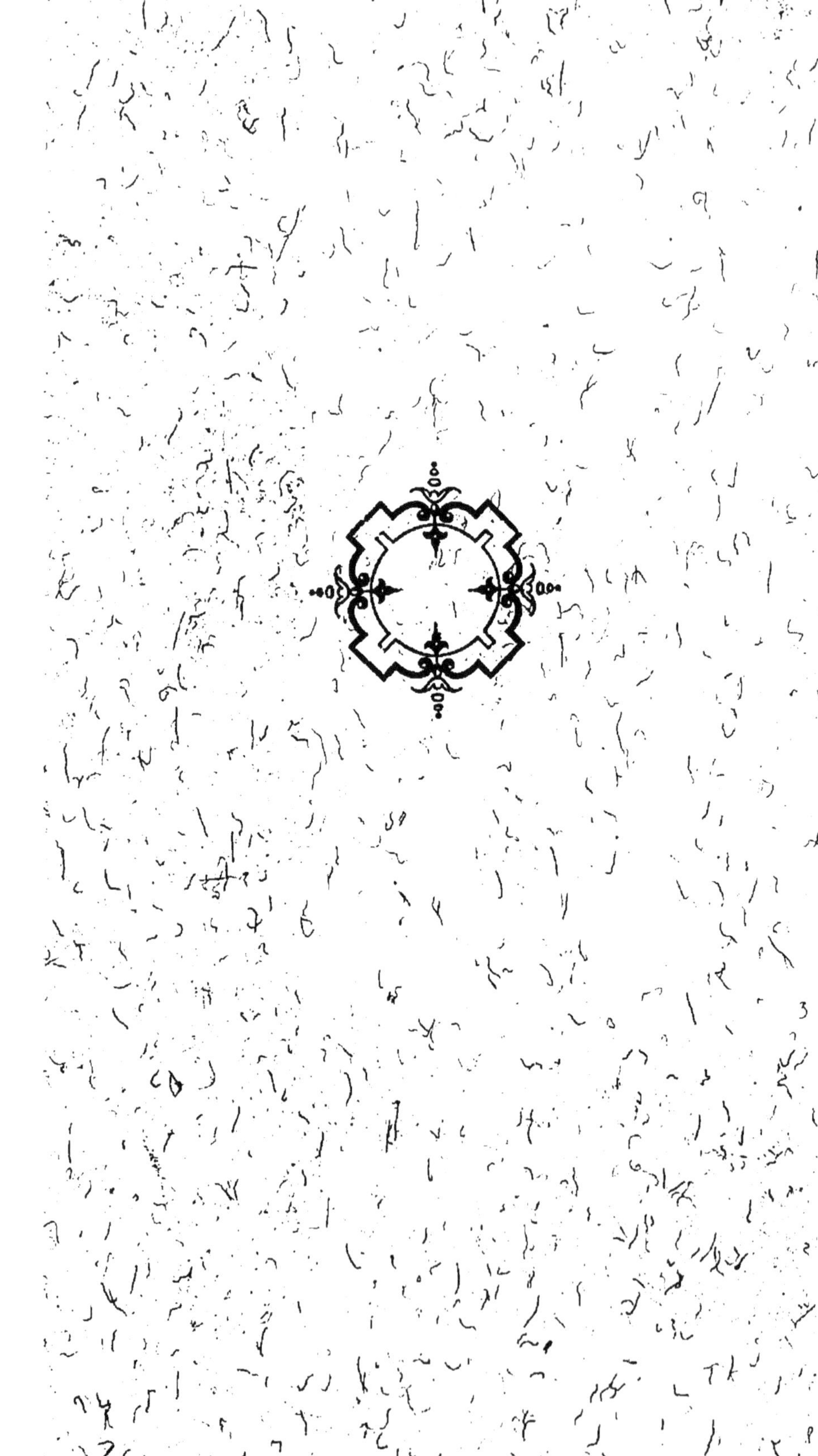